MW01600306

**proyecto**

RESCATE

# GUÍA
## *de la Historia*

ACTS

**El Proyecto Rescate**
*Guía de la Historia*
Edición Revisada
ACTS XXIX, Copyright © 2023. Derechos reservados.

A menos que se indique lo contrario, las citas de la Sagrada Escritura están tomadas de la Biblia de Jerusalén Latinoamericana, edición revisada y aumentada. Publicada en los Estados Unidos en el año 2000, por Ascension Press. Derechos reservados.

Ninguna parte de esta publicación puede ser reproducida, guardada en ningún sistema de captura, o transmitida de ninguna forma, por ningún medio – electrónico, mecánico, de fotocopiado, grabado, o ningún otro- sin permiso escrito previo de la editorial.

La traducción libre de citas solo se realiza cuando no existe una traducción oficial al español de los textos citados – en cuyo caso se refiere la correspondiente publicación.

Todas las citas traducidas al español de las versiones originales en inglés de la publicación.

Traducción al español: Monica Oppermann
Diseño: Jacqueline L. Challiss Hill ~ J Details LLC

Cover Image: ACTS XXIX
Image Credits: 4PM Media

https://rescueproject.us

Sinopsis: La Guía de La Historia es un recurso complementario para Rescate, que equipa a los participantes para participar en discusiones en grupos pequeños durante las sesiones de ocho semanas.

ISBN: 978-1-7364920-8-6
Library of Congress Control Number: 2023914314
Impreso en los Estados Unidos de America

Publicado por ACTS XXIX Press
38695 Seven Mile Rd., Suite 110, Livonia, MI 48152
actsxxix.org | press@actsxxix.org

_Lorena Rivera Salas._

# Tabla de contenido

_Capítulo Uno (1.a semana):_ La importancia de las historias............ 1

## Creado

_Capítulo Dos (2.a semana):_ ¿Porqué hay algo en vez de nada? ..... 9

## Capturado

_Capítulo Tres (3.a semana):_ El enemigo es el enemigo................... 21

_Capítulo Cuatro (4.a semana):_ Se pone peor ..................................... 31

## Rescatado

_Capítulo Cinco (5.a semana):_ ¿Por qué vino Jesús? ....................... 41

_Capítulo Seis:_ (6.a semana) ¿Qúe diferencia hace? ....................... 67

## Respuesta: Retiro

_Capítulo Siete (7.a semana):_ Las palabras no bastan ................... 79

_Capítulo Ocho (7.a semana):_ ¿Qué querrá Él de mí? ...................... 85

## Respuesta: Movilizar

_Capítulo Nueve (8.a semana):_ Claridad sobre la misión ............... 97

Bibliografía ................................................................................ 114-115

cosmovisión

# Capítulo Uno

# La importancia de las historias

*"Así es como funcionan las historias. Invitan a los oyentes a un mundo nuevo y los alientan a hacerlo suyo, a ver su mundo ordinario de ahora en adelante a través de este lente, dentro de esta cuadrícula".* [1]

- N.T. Wright,
*Jesus and the Victory of God*

*Pues no me avergüenzo del Evangelio, que es una fuerza de Dios para la salvación ...*

*Romanos 1:16*

## TEMAS

### Las Cuatro Grandes Preguntas

- ¿Por qué hay algo en vez de nada?
- ¿Por qué está todo tan desordenado?
- ¿Qué ha hecho Dios al respecto, si es que ha hecho algo?
- Y si Él ha hecho algo, ¿cómo debo responder?

## PREGUNTAS PARA CONSIDERAR

- ¿Cuál es la historia que me da significado y propósito, y guía mi vida?
- ¿Cuál es mi imagen de Dios?
- ¿De dónde salió esa imagen de Dios?

_____

_____

_____

_____

_____

_____

_____

_____

_____

_____

_____

_____

_____

_____

_____

_____

_____

_____

_____

_____

# LECTURAS RECOMENDADAS

Sophia Consulting. *Christian Cosmic Narrative: The Deep History of theWorld*, 2022. *La narrativa cósmica cristiana: la historia profunda del mundo*

Riccardo, P. John. *Rescued: The Unexpected and Extraordinary News of the Gospel*, 2020. *Rescatado: Las noticias inesperadas y extraordinarias del Evangelio*

---

1. Traducción libre de NT Wright. *Jesus and the Victory of God*, 176.

Capítulo Dos

# ¿Por qué hay algo en vez de nada?

*"O todas las cosas individuales son producto de la evolución, incluido el hombre. O bien no lo son... Por supuesto, queda abierta la cuestión de si el ser... tiene un significado y no puede decidirse dentro de la propia teoría de la evolución; para esa teoría, esta es una cuestión metodológicamente extraña, aunque por supuesto de un ser humano vivo es la cuestión fundamental de la que todo depende."* [2]

- Joseph Ratzinger,
*Credo for Today: What Christians Believe*

## GRACIA: *Maravilla y Asombro*

Dios hizo los dos grandes astros -el astro mayor para presidir el día y el menor para presidir la noche- y también hizo las estrellas.[3]

Génesis 1: 16 (Biblia del Pueblo de Dios)

## TEMAS

### La historia bíblica
• Hay un solo Dios.
• Él es bueno.
• Él crea por amor (y no por necesidad).
• Él crea sin esfuerzo.
• La persona humana es culmina el mundo creado.
• Estamos hechos a Su imagen y semejanza.
• Estamos hechos para la amistad, el amor y la comunión con Dios y entre nosotros.

# PREGUNTAS PARA CONSIDERAR

- ¿De qué manera el reflexionar sobre la grandeza de la creación infunde una sensación de asombro y asombro en mi vida? ¿Cómo o por qué?
- ¿Está cambiando mi imagen de Dios? ¿Si o no? Explique.
- ¿Qué me está causando ansiedad en este momento? ¿De qué manera esto es impactado por el Dios de la historia bíblica?

_____

_____

_____

_____

_____

_____

_____

_____

_____

_____

# RECURSOS

*Catecismo de la Iglesia Católica* 295-301:
"El misterio de la creación"

295 Creemos que Dios creó el mundo según su sabiduría. Este no es producto de una necesidad cualquiera, de un destino ciego o del azar. Creemos que procede de la voluntad libre de Dios que ha querido hacer participar a las criaturas de su ser, de su sabiduría y de su bondad: "Porque tú has creado todas las cosas; por tu voluntad lo que no existía fue creado" "¡Cuán numerosas son tus obras, Señor! Todas las has hecho con sabiduría". "Bueno es el Señor para con todos, y sus ternuras sobre todas sus obras".

*Dios crea "de la nada"*

296 Creemos que Dios no necesita nada preexistente ni ninguna ayuda para crear. La creación tampoco es una emanación necesaria de la substancia divina. Dios crea libremente "de la nada":

¿Qué tendría de extraordinario si Dios hubiera sacado el mundo de una materia preexistente?

Un artesano humano, cuando se le da un material, hace de él todo lo que quiere. Mientras que el poder de Dios se muestra precisamente cuando parte de la nada para hacer todo lo que quiere.

297 La fe en la creación "de la nada" está atestiguada en la Escritura como una verdad llena de promesa y de esperanza. Así la madre de los siete hijos macabeos los alienta al martirio:

Yo no sé cómo aparecisteis en mis entrañas, ni fui yo quien os regaló el espíritu y la vida, ni tampoco organicé yo los elementos de cada uno. Pues así el Creador del mundo, el que modeló al hombre en su nacimiento y proyectó el origen de todas las cosas, os devolverá el espíritu y la vida con misericordia, porque ahora no miráis por vosotros mismos a causa de sus leyes [...] Te ruego, hijo, que mires al cielo y a la tierra y, al ver todo lo que hay en ellos, sepas que a partir de la nada lo hizo Dios y que también el género humano ha llegado así a la existencia.

298 Puesto que Dios puede crear de la nada, puede por el Espíritu Santo dar la vida del alma a los pecadores creando en ellos un corazón puro, y la vida del cuerpo a los difuntos mediante la Resurrección. Él "da la vida a los muertos y llama a las cosas que no son para que sean". Y puesto que, por su Palabra, pudo hacer resplandecer la luz en las tinieblas, puede también dar la luz de la fe a los que lo ignoran.

*Dios crea un mundo ordenado y bueno*

299 Porque Dios crea con sabiduría, la creación está ordenada: "Tú todo lo dispusiste con medida, número

y peso". Creada en y por el Verbo eterno, "imagen del Dios invisible", la creación está destinada, dirigida al hombre, imagen de Dios, llamado a una relación personal con Dios. Nuestra inteligencia, participando en la luz del Entendimiento divino, puede entender lo que Dios nos dice por su creación, ciertamente no sin gran esfuerzo y en un espíritu de humildad y de respeto ante el Creador y su obra. Salida de la bondad divina, la creación participa en esa bondad- "y vió Dios que era bueno...muy bueno".  Porque la creación es querida por Dios como un don dirigido al hombre, como una herencia que le es destinada y confiada. La Iglesia ha debido, en repetidas ocasiones, defender la bondad de la creación, comprendida la del mundo material.

## Dios transciende la creación y está presente en ella

300 Dios es infinitamente más grande que todas sus obras: "Su majestad es más alta que los cielos", "su grandeza no tiene medida". Pero porque es el Creador soberano y libre, causa primera de todo lo que existe, está presente en lo más íntimo de sus criaturas: "En él vivimos, nos movemos y existimos". Según las palabras de San Agustín, Dios es superior summo meo et interior intimo meo ("Dios está por encima de lo más alto que hay en mí y está en lo más hondo de mi intimidad").

## Dios mantiene y conduce la creación

301 Realizada la creación, Dios no abandona su criatura a ella misma. No sólo le da el ser y el existir, sino que la mantiene a cada instante en el ser, le da el obrar y la

lleva a su término. Reconocer esta dependencia completa con respecto al Creador es fuente de sabiduría y de libertad, de gozo y de confianza:

Amas a todos los seres y nada de lo que hiciste aborreces pues, si algo odiases, no lo hubieras creado. Y ¿cómo podría subsistir cosa que no hubieses querido? ¿Cómo se conservaría si no la hubieses llamado? Mas tú todo lo perdonas porque todo es tuyo, Señor que amas la vida.[4]

## LECTURAS RECOMENDADAS

Johnston, George. "Cómo Leer el Primer Capítulo del Génesis", *Lay Witness* (1998).

Kreeft, Peter. *You Can Understand the Bible* (2005).

Constitución Dogmática sobre la Divina Revelación (Dei Verbum).

Pope Benedict XVI. 'In the Beginning...': *A Catholic Understanding of the Story of Creation and the Fall* (2013).

---

2. Ratzinger, *El Credo de hoy,* p 37
3. Genesis 1:16 *La Biblia del Pueblo,* Vatican.
4. *Catecismo de la Iglesia Católica* 295-301: "El misterio de la creación"

Capítulo Tres

# El enemigo es el enemigo

*"El ver a estas felices criaturas les llenó al Diablo y a sus ángeles caídos de ira y envidia. Pensaron en cómo podrían estropear la obra de Dios y destruir el destino de esta raza recién creada. Se dispusieron a esclavizar a aquellos a quienes estaban destinados a servir y a degradar a aquellos a quienes se les había asignado un lugar tan exaltado en el lodo humilde bajo sus pies"* [5]

- Sophia Consulting,
La Narrativa Cósmica Cristiana

## GRACIA: *Luz*

Pero por la envidia del demonio entró la muerte en el mundo, y los que pertenecen a él tienen que padecerla.[6]

Sabiduría 2:24

## TEMAS

### El enemigo: cinco preguntas claves

- ¿Quién es él?
- ¿Por qué se rebeló?
- ¿Cuál es su mentira?
- ¿Cuáles son sus tácticas?
- ¿Cuál es su meta en mi vida?

## PREGUNTAS PARA CONSIDERAR

- ¿Dónde está el enemigo acusándome en este momento?
- ¿Qué mentira me está paralizando ahora mismo?
- ¿Dónde está el enemigo causando división en mi vida en este momento?
- ¿Dónde está el enemigo halagando mi ego en este momento?
- ¿Qué tentación es más fuerte en mi vida en este momento?
- ¿Dónde estoy más desanimado en este momento?

_____

_____

_____

_____

_____

_____

_____

_____

_____

_____

# RECURSOS

*Catecismo de la Iglesia Católica* 391-395: "La caída de los ángeles"

391 Detrás de la elección desobediente de nuestros primeros padres se halla una voz seductora, opuesta a Dios que, por envidia, los hace caer en la muerte. La Escritura y la Tradición de la Iglesia ven en este ser un ángel caído, llamado "Satán" o "diablo". La Iglesia enseña que primero fue un ángel bueno, creado por Dios. "El diablo y los otros demonios fueron creados por Dios con una naturaleza buena, pero ellos se hicieron a sí mismos malos".

392 La Escritura habla de un pecado de estos ángeles. Esta "caída" consiste en la elección libre de estos espíritus creados que rechazaron radical e irrevocablemente a Dios y su Reino. Encontramos un reflejo de esta rebelión en las palabras del tentador a nuestros primeros padres: "Seréis como dioses". El diablo es "pecador desde el principio", el "padre de la mentira".

393 Es el carácter *irrevocable* de su elección, y no un defecto de la infinita misericordia divina lo que hace que el pecado de los ángeles no pueda ser perdonado. "No hay arrepentimiento para ellos después de la

caída, como no hay arrepentimiento para los hombres después de la muerte".

394 La Escritura atestigua la influencia nefasta de aquel a quien Jesús llama "homicida desde el principio" y que incluso intentó apartarlo de la misión recibida del Padre. "El Hijo de Dios se manifestó para deshacer las obras del diablo". La más grave en consecuencias de estas obras ha sido la seducción mentirosa que ha inducido al hombre a desobedecer a Dios.

395 Sin embargo, el poder de Satán no es infinito. No es más que una criatura, poderosa por el hecho de ser espíritu puro, pero siempre criatura: no puede impedir la edificación del Reino de Dios. Aunque Satán actúe en el mundo por odio contra Dios y su Reino en Jesucristo, y aunque su acción cause graves daños —de naturaleza espiritual e indirectamente incluso de naturaleza física—en cada hombre y en la sociedad, esta acción es permitida por la divina providencia que con fuerza y dulzura dirige la historia del hombre y del mundo. El que Dios permita la actividad diabólica es un gran misterio, pero "nosotros sabemos que en todas las cosas interviene Dios para bien de los que le aman".[7]

# LECTURAS SUGERIDAS

Lewis, C. S. *Lewis, C. S. Cartas del diablo a su sobrino, The Screwtape Letters, 1942.*

Spitzer, Fr. Robert. *Christ and Satan in Our Daily Lives,* (2020).

5. Sophia Consulting, *La Narrativa Cósmica Cristiana,* 2022.
6. *El Libro del Pueblo de Dios,* Sabiduría 2:24. Vatican.
7. *Catecismo de la Iglesia Católica* 391-395: "La caída de los ángeles."

Capítulo Cuatro

# Se pone peor

*"La metáfora dominante de esta sección es la esclavitud y la libertad. Pablo pinta una imagen en blanco o negro de la situación humana: o se vive al servicio del pecado y permanece una atadura espiritual, o se vive en obediencia a Dios y se disfruta de la liberación del cautiverio del pecado. Es una o la otra: nada de indecisión, ni tercera opción."* [8]

- Dr. Scott Hahn,
*Commentary on Romans*

## GRACIA: *Desesperación*

Cuando uno fuerte y bien armado custodia su palacio, sus bienes están seguros; pero si llega uno más fuerte que el y le vence, le quita las armas en las que estaba confiado y reparte sus despojos.[10]

Lucas 11:21-22

## TEMAS

### La parábola del hombre fuerte
• El fuerte y bien armado – *el enemigo*
• Su palacio – *el mundo*
• Sus bienes – *la humanidad*
• El más fuerte - *Jesús*

# PREGUNTAS PARA CONSIDERAR

- ¿Qué estoy pensando y sintiendo en este momento?
- ¿Dios me reveló algo nuevo sobre cómo el enemigo obra en mi vida?
- ¿Cómo cambia la visión de la historia bíblica de que el enemigo es el enemigo (y que divide y acusa) la forma en que pienso sobre lo que está sucediendo a mi alrededor en este momento?

_____

_____

_____

_____

_____

_____

_____

_____

_____

_____

# RECURSOS

## Libertad puesta a prueba

396 Dios creó al hombre a su imagen y lo estableció en su amistad. Criatura espiritual, el hombre no puede vivir esta amistad más que en la forma de libre sumisión a Dios. Esto es lo que expresa la prohibición hecha al hombre de comer del árbol del conocimiento del bien y del mal, "porque el día que comieres de él, morirás sin remedio". "El árbol del conocimiento del bien y del mal" evoca simbólicamente el límite infranqueable que el hombre en cuanto criatura debe reconocer libremente y respetar con confianza. El hombre depende del Creador, está sometido a las leyes de la Creación y a las normas morales que regulan el uso de la libertad.

## El primer pecado del hombre

397 El hombre, tentado por el diablo, dejó morir en su corazón la confianza hacia su creador y, abusando de su libertad, desobedeció al mandamiento de Dios. En esto consistió el primer pecado del hombre. En adelante, todo pecado será una desobediencia a Dios y una falta de confianza en su bondad.

398 En este pecado, el hombre *se prefirió* a sí mismo en lugar de Dios, y por ello despreció a Dios: hizo elección de sí mismo contra Dios, contra las exigencias de su estado de criatura y, por tanto, contra su propio bien. El hombre, constituido en un estado de santidad, estaba destinado a ser plenamente "divinizado" por Dios en la gloria. Por la seducción del diablo quiso "ser como Dios", pero "sin Dios, antes que Dios y no según Dios".

399 La Escritura muestra las consecuencias dramáticas de esta primera desobediencia. Adán y Eva pierden inmediatamente la gracia de la santidad original. Tienen miedo del Dios de quien han concebido una falsa imagen, la de un Dios celoso de sus prerrogativas.

400 La armonía en la que se encontraban, establecida gracias a la justicia original, queda destruida; el dominio de las facultades espirituales del alma sobre el cuerpo se quiebra; la unión entre el hombre y la mujer es sometida a tensiones; sus relaciones estarán marcadas por el deseo y el dominio. La armonía con la creación se rompe; la creación visible se hace para el hombre extraña y hostil. A causa del hombre, la creación es sometida "a la servidumbre de la corrupción". Por fin, la consecuencia explícitamente anunciada para el caso de desobediencia se realizará: el hombre "volverá al polvo del que fue formado".

*La entrada de la muerte en la historia de la humanidad.*

401 Desde este primer pecado, una verdadera invasión de pecado inunda el mundo: el fratricidio cometido por

Caín en Abel; la corrupción universal, a raíz del pecado; en la historia de Israel, el pecado se manifiesta frecuentemente, sobre todo como una infidelidad al Dios de la Alianza y como transgresión de la Ley de Moisés; e incluso tras la Redención de Cristo, entre los cristianos, el pecado se manifiesta de múltiples maneras. La Escritura y la Tradición de la Iglesia no cesa de recordar la presencia y la *universalidad del pecado en la historia del hombre*:

Lo que la Revelación divina nos enseña coincide con la misma experiencia. Pues el hombre, al examinar su corazón, se descubre también inclinado al mal e inmerso en muchos males que no pueden proceder de su Creador, que es bueno. Negándose con frecuencia a reconocer a Dios como su principio, rompió además el orden debido con respecto a su fin último y, al mismo tiempo, toda su ordenación en relación consigo mismo, con todos los otros hombres y con todas las cosas creadas.[9]

# LECTURAS SUGERIDAS

Rutledge, Fleming. *The Crucifixion: Understanding the Death of Jesus*, 2015.

---

8. Traducción libre de Scott Hahn, *Commentary on Romans*, 102.

9. *Catecismo de la Iglesia Católica 396-401*: "El pecado original"

Capítulo Cinco

# ¿Por qué vino Jesús?

"Señor Dios Todopoderoso, que enviaste a tu Hijo Unigénito para dotar a la humanidad, prisionera en la esclavitud del pecado, con la libertad de tus hijos e hijas, oramos muy humildemente por estos niños, quienes sabes que experimentarán las tentaciones de este mundo, y lucharán contra las asechanzas del demonio: por el poder de la Pasión y Resurrección de tu Hijo líbralos ahora de la mancha del Pecado Original, fortalécelos con la gracia de Cristo, y guárdalos siempre en el camino de la vida." [10]

- Rito del Bautismo de la Iglesia Católica

## GRACIA: *Luz*

Pues así dice Yahvé:
"Si, al valiente se le quitará el prisionero, y la presa del guerrero se le escapará; con tus litigantes yo litigaré, y a tus hijos yo salvaré. Haré comer a tus opresores su propia carne, como con vino nuevo, con su sangre se embriagarán. Y sabrá todo el mundo que yo, Yahvé, soy el que te salva, y el que te rescata, el Fuerte de Jacob."

Isaías 49:25-26

## TEMAS

¿Qué estaba *haciendo* Jesús en la cruz?
1. Mostrándonos el amor del Padre.
2. Haciendo expiación; haciéndose Pecado.
3. Yendo a la guerra para rescatarnos.

# PREGUNTAS PARA CONSIDERAR

- ¿Qué estoy pensando y cómo me siento ahora?
- ¿Cómo la historia de Jesús como un guerrero que viene a rescatarme cambia la forma en que lo veo a él?
- Al entender que Jesús no solo hizo esto por mí, ¿cambia la forma en que veo y trato a los demás?

## RECURSOS

*El filósofo más grande que jamás haya existido,* Peter Kreeft.

"La primera pregunta que hace un niño sobre un cuento es: ¿De que se trata? ¿Es una historia de amor, una historia de guerra, una historia de aventuras, un drama psicológico o qué? La pregunta presupone que hay una respuesta y que el autor de la historia sabe la respuesta, que está a cargo, que sabe qué tipo de historia está contando...

"En cierto sentido, la historia de la historia humana es una historia de amor. Pero en un mundo caído, una historia de amor siempre es también una historia de guerra. De hecho, el único tema fundamental de todas las historias desde la Caída siempre ha sido la guerra entre el bien y el mal. Ese es el tema de la Biblia, especialmente en el último libro, Apocalipsis, que resume e interpreta simbólicamente todas las pequeñas historias en términos de la gran historia...

"Dios mismo anuncia este tema, dentro de la historia misma. Porque este Dios, a diferencia del Dios del deísmo, se nos revela. De hecho, Él se convierte a Sí mismo en un personaje de la historia, además de ser el Autor trascendente de la misma...

"Inmediatamente después de la Caída, que es el comienzo de la historia humana, Él anuncia el tema de Su historia, de la historia. Es guerra: 'Pondré enemistad [guerra] entre ti [Satanás] y la Mujer [Eva]...

"Este es el primer Evangelio, el 'proto-evangelio'. Por extraño que parezca, el Evangelio es una historia de guerra. Nadie puede leer los cuatro Evangelios con atención, inteligencia y mente abierta sin ver eso. El punto "liberal" de que Jesús simplemente iba a enseñar el amor es tan exacto como la idea de que el propósito de Adolf Hitler era crear la paz mundial. Porque en un mundo caído, la única forma en que puede haber amor es que haya guerra. Guerras de amor. Peleas de amor. Pregúntale a cualquier madre, en cualquier especie de mamífero, especialmente homo sapiens.

"Cristo contra el Anticristo, la ciudad de Dios contra la ciudad de este mundo, el Espíritu Santo y sus ángeles contra el diablo y sus ángeles caídos, la luz contra las tinieblas, el bien contra el mal: esa es la trama...

"La guerra, por supuesto, es espiritual en su raíz y en su esencia. "No tenemos lucha contra sangre y carne, sino contra principados, contra potestades, contra los gobernantes de este mundo de tinieblas" (Efesios 6:12)." [11]

# Escritos selectos de los primeros padres de la iglesia sobre el Misterio Pascual

### San Ignacio de Antioquía *(c. 50-110)*

Se ocultó al gobernante de este mundo la virginidad de María y el nacimiento de nuestro Señor, y los tres renombrados misterios que se realizaron en la tranquilidad de Dios desde la estrella. Y aquí, en la manifestación del Hijo, comenzó a destruirse la magia, y se soltaron todas las ataduras; y fue destruido el reino antiguo y el error del mal. De aquí en adelante todas las cosas se movieron juntas, y la destrucción de la muerte fue ideada, y allí fue el comienzo de lo que se perfeccionó en Dios.[12]

### San Justino Mártir (c. 100-165)

Cristo se hizo hombre por la Virgen, para que la desobediencia que procedió de la serpiente recibiera su destrucción del mismo modo en que derivó su origen. Porque Eva, que era virgen e inmaculada, habiendo concebido la palabra de la serpiente, dio a luz la desobediencia y la muerte. Pero la Virgen María recibió fe y alegría cuando el ángel Gabriel le anunció la buena nueva de que el Espíritu del Señor vendría sobre ella, y el poder del Altísimo la cubriría con su sombra: por lo cual también el Santo engendrado de ella es el Hijo de Dios; y ella respondió: "Hágase en mí según tu palabra" (Lc. 1:38). Y de ella ha nacido Aquél a quien hemos probado que tantas Escrituras se refieren, y por quien Dios destruye tanto a la serpiente como a los ángeles y a los hombres que son como ella.[13]

## San Melito de Sardis (c. 120-185)

¿Quién es el que contiende conmigo? Que se oponga a Mí. Pongo en libertad al condenado; Yo di vida al muerto; Levanté al que había sido sepultado. ¿Quién es mi oponente? Yo, dice, soy el Cristo. Yo soy el que destruyó la muerte, y vencí al enemigo, y pisoteé el Hades, y até al fuerte, y llevé al hombre a las alturas del cielo. Yo, dice, soy el Cristo. Este es el alfa y el omega. Este es el principio y el fin, un principio indescriptible y un fin incomprensible. Este es el Cristo. Este es el Rey. Este es Jesús. Este es el General. Este es el Señor. Este es Aquel que resucitó de entre los muertos. Este es el que está sentado a la diestra del Padre.[14]

---

## San Ireneo (c. 130-202)

Planteémonos, pues, de nuevo la pregunta: ¿Con qué propósito descendió Cristo del cielo?

Respuesta: "Para destruir el pecado, vencer la muerte y dar vida al hombre". Al lado de este fecundo dicho pondremos otro, elegido entre muchos pasajes similares, que desarrolla con mayor detalle la idea dramática: "El hombre fue creado por Dios para que tenga vida. Si ahora, habiendo perdido la vida, y habiendo sido dañado por la serpiente, no volviera a la vida, sino que fuera completamente abandonado a la muerte, entonces Dios habría sido derrotado, y la malicia de la serpiente habría vencido la voluntad de Dios. Pero como Dios es invencible y magnánimo, mostró su magnanimidad corrigiendo al hombre y probando a todos los hombres, como hemos dicho; pero a través del Segundo Hombre Él ató al fuerte, y despojó sus bienes, y aniquiló la muerte, dando vida al hombre que estaba sujeto a la muerte. Porque Adán se había convertido en posesión del diablo, y el diablo lo tenía bajo su poder, habiéndolo engañado injustamente, y por la oferta de la inmortalidad lo hizo sujeto a la muerte. Pues prometiéndoles que serían como dioses, cosa que no estaba en su poder, obró en ellos la muerte. Por tanto, el que había hecho cautivo al hombre, él mismo fue hecho cautivo por Dios, y el hombre que había sido hecho cautivo fue liberado de la esclavitud de la condenación."

"La Palabra de Dios", dice, "se hizo carne para destruir la muerte y dar vida al hombre; porque estábamos atados y atados en el pecado, nacimos en el pecado y vivimos bajo el dominio de la muerte."[15]

---

### San Gregorio de Nyssa (c. 335-395)

Estaba a punto de enfrentarse a aquel que había hecho prisionera a la naturaleza humana y estaba a punto de soltar las ataduras de la muerte; por haber destruido al último enemigo [cf. 1 Cor. 15:26], podría restaurar a la humanidad a la libertad y la paz.

Para asegurar que el rescate en nuestro favor pudiera ser fácilmente aceptado por quien lo requería, la Deidad fue escondida bajo el velo de nuestra naturaleza, para que así, como con un pez voraz, el anzuelo de la Deidad pudiera ser tragado junto con el cebo de la carne, y así, introduciéndose la vida en la casa de la muerte, y brillando la luz en las tinieblas, lo que es diametralmente opuesto a la luz ya la vida podría desvanecerse; porque no está en la naturaleza de la oscuridad permanecer cuando la luz está presente, o de la muerte existir cuando la vida está activa.[16]

---

### San Agustín (c.354-430)

El diablo saltó de alegría cuando Cristo murió; y por la misma muerte de Cristo el diablo fue vencido: tomó, por así decirlo, el cebo en la ratonera. Se regocijó con la muerte, creyéndose comandante de la muerte. Pero lo que causó su alegría colgó el cebo delante de él. La cruz del Señor fue la ratonera del diablo: el cebo que lo atrapó fue la muerte del Señor.

El versículo siguiente explica algo de por qué se le debe rendir tanto honor, y por qué todas las naciones deben servirle: Ha librado al necesitado del tirano, aquel pobre que no tenía otro campeón. Este necesitado y pobre es el pueblo que cree en él, y dentro de este pueblo están los reyes que lo adoran. No son demasiado orgullosos para ser necesitados y pobres, lo que significa reconocer humildemente que son pecadores y necesitados de la gloria de Dios, para que el verdadero Rey, el Hijo del Rey, los libere del poderoso enemigo. Poderoso en verdad es aquel que ha sido llamado el acusador. Sin embargo, no fue su propia fuerza la que sometió a hombres y mujeres a este poderoso tirano y los mantuvo allí en cautiverio, sino los pecados humanos. El poderoso tirano también es llamado en las Escrituras "el hombre fuerte", pero Cristo, quien humilló al acusador, también irrumpió en el dominio del hombre fuerte para atarlo y apoderarse de sus posesiones. Cristo es el que ha librado al necesitado del tirano, ese pobre que no tenía otro campeón, porque nadie más tenía la fuerza para lograrlo, ni un justo, ni siquiera un ángel. No hubo campeón en absoluto, por lo tanto; pero Cristo vino y los salvó.

Habiendo despojado al diablo, Cristo distribuye sus dones para embellecer la Iglesia. Prosigue el salmo: Es parte del Amado también dividir el botín para la hermosura de la casa. La palabra Amado se repite para dar énfasis. Pero en realidad no son todos los códices los que tienen esta repetición, y los más exactos de ellos le anteponen una estrella. Tales signos se llaman asteriscos y nos informan que los pasajes así marcados están presentes en el hebreo, pero no en la interpretación de la Septuaginta. Pero ya sea que pensemos que Amado se repitió, o se escribió solo una vez, creo que debemos tomar las palabras que siguen, para dividir el botín por la belleza de la casa, en el sentido, es parte del Amado también dividir el botín por la belleza de la casa; es decir, fue escogido también para el reparto del botín. Indudablemente la Iglesia que Cristo ha creado es una casa hermosa, y la ha adornado distribuyéndole sus despojos, como un cuerpo se embellece con la debida distribución de sus miembros. Ahora bien, la palabra "despojo" se usa para los bienes arrebatados a los enemigos vencidos, y el evangelio arroja luz sobre este pasaje al decir: Nadie puede entrar en la casa de un hombre fuerte y llevarse sus herramientas, a menos que primero lo haya atado. (Mt.

12:29). Cristo ató al diablo con cadenas espirituales al vencer a la muerte y ascender del inframundo al cielo; ató al diablo por el sacramento de su encarnación, porque, aunque el diablo no encontró nada en Cristo que mereciera la muerte, no obstante, se le permitió matarlo. La consecuencia fue que Cristo ató al diablo y le quitó sus pertenencias como botín. Estos fueron los incrédulos a través de los cuales el diablo obró su voluntad. Pero el Señor limpió estas herramientas perdonando sus pecados; dejó al enemigo abatido y encadenado, y santificó el botín que había tomado. Luego los asignó a los lugares que les correspondían para el adorno de su propia casa, nombrando a algunos apóstoles, a otros profetas, a otros pastores y maestros para la obra del ministerio, para la edificación del cuerpo de Cristo.

Dirijámonos a Aquel que hizo estas cosas. Él mismo es "El Pan que descendió del cielo"; sino Pan que refresca a los caídos, y nunca falta; Pan que se puede saborear, no se puede desperdiciar. Este Pan hizo figurar también el maná. Por eso se dice: "Él les dio el Pan del cielo, el hombre comió el Pan de los Ángeles". ¿Quién es el Pan del cielo sino Cristo? Pero para que el hombre pueda comer el Pan de los Ángeles, el Señor de los Ángeles se hizo Hombre.

Porque si Él no se hubiera hecho Hombre, no tendríamos Su Carne; si no tuviéramos Su Carne, no comeríamos el Pan del Altar. Apresurémonos a la herencia, ya que hemos recibido una gran prenda de ella. Hermanos míos, anhelemos la vida de Cristo, teniendo como arras la muerte de Cristo. ¿Cómo no nos dará sus bienes el que padeció nuestros males? En esta nuestra tierra, en este mundo malo, ¿qué abunda sino nacer, trabajar y morir? Examine a fondo el estado del hombre, convénzame si miento: considere todos los hombres si están en este mundo para cualquier otro fin que el de nacer, trabajar y morir. Esta es la mercancía de nuestro país: estas cosas aquí abundan. A tal mercancía descendió aquel mercader. Y por cuanto todo mercader da y recibe; da lo que tiene, y recibe lo que no tiene; cuando adquiere algo, da dinero y recibe lo que compra: así también Cristo en este Su tráfico dio y recibió. Pero ¿qué recibió Él? Lo que aquí abunda, nacer, trabajar y morir. ¿Y qué dio? Nacer de nuevo, resucitar y reinar por los siglos de los siglos. Oh buen comerciante, cómpranos. ¿Por qué debo decir cómpranos, cuando deberíamos darte gracias por habernos comprado? Tú nos repartes nuestro Precio, nosotros bebemos Tu Sangre; así nos repartes nuestro precio. Y leemos el Evangelio, nuestro título de propiedad.

Somos Tus siervos, somos Tus criaturas: Tú nos hiciste, Tú nos redimiste. Cualquiera puede comprar a su siervo, él no puede crearlo; pero el Señor ha creado y redimido a Sus siervos; los creó para que pudieran ser; los redimió, para que nunca más fueran cautivos. Porque caímos en manos del príncipe de este mundo, quien sedujo a Adán y lo hizo su siervo, y comenzó a poseernos como sus esclavos. Pero vino el Redentor, y el seductor fue vencido. ¿Y qué hizo nuestro Redentor con aquel que nos tenía cautivos? Para nuestro rescate, extendió Su cruz como una trampa; puso en Ella como cebo Su Sangre. Él ciertamente tenía poder para derramar Su Sangre, no alcanzó a beberla. Y en cuanto derramó la Sangre de Aquel que no era deudor, se le ordenó pagar a los deudores; derramó la Sangre de los Inocentes, se le ordenó retirarse de los culpables. Él verdaderamente derramó Su Sangre con este fin, para borrar nuestros pecados. Aquel entonces con que nos retuvo fue borrado por la Sangre del Redentor. Porque sólo nos retuvo con las ataduras de nuestros propios pecados. Eran las cadenas del cautivo. Vino, ató al fuerte con los lazos de su Pasión; Entró en su casa, en los corazones, es decir, en los que habitaba, y se llevó sus vasos. Somos sus vasos. Se había llenado entonces con su propia amargura. Esta amargura también la prometió a nuestro Redentor en la hiel. Él nos había llenado entonces como sus vasos; pero nuestro Señor despojando sus vasos, y haciéndolos Suyos, derramó la amargura, los llenó de dulzura. [17]

### San Efrén (c. 306-373)

La muerte pisoteó a nuestro Señor, pero él, a su vez, trató a la muerte como un camino real para sus propios pies. Se sometió a ella, soportándola de buena gana, porque así podría destruir la muerte a pesar de ella misma.

La muerte se salió con la suya cuando nuestro Señor salió de Jerusalén cargando su cruz; pero cuando con un fuerte grito de esa cruz llamó a los muertos del inframundo, la muerte fue impotente para impedirlo.

La muerte lo mató por medio del cuerpo que había asumido, pero ese mismo cuerpo resultó ser el arma con la que venció a la muerte. Oculta bajo el manto de su hombría, su divinidad enfrentó la muerte en combate; pero al matar a nuestro Señor, la muerte misma fue muerta. Pudo matar la vida humana natural, pero él mismo fue asesinado por la vida que está por encima de la naturaleza del hombre.

La muerte no podría devorar a nuestro Señor a menos que poseyera un cuerpo, ni el infierno podría tragárselo a menos que llevara nuestra carne; y así vino en busca de un carro en el que viajar al inframundo. Este carro era el cuerpo que recibió de la Virgen; en él invadió la fortaleza de la muerte, rompió su cámara acorazada y esparció todo su tesoro.[18]

## San Juan Crisóstomo (c. 347-407)

Quien sea piadoso y ame a Dios, que disfrute de esta buena y alegre fiesta. El que es un siervo agradecido, que se regocije y entre en el gozo del Señor. Quien esté cansado de ayunar, que reciba ahora sus ganancias. El que ha trabajado desde la primera hora, que acepte hoy su justa recompensa. El que haya venido después de la hora tercera, que participe en la celebración con acción de gracias. Quien haya llegado después de la hora sexta, que no tenga dudas, porque él tampoco sufrirá ninguna pérdida. El que se haya demorado hasta la hora novena, que se acerque sin vacilar. Quien haya llegado sólo a la hora undécima, que no tema la demora, porque el Maestro es misericordioso: recibe a los últimos como a los primeros; Da descanso al que llega en la hora undécima, así como al que ha trabajado desde la primera; y al que tarda le da misericordia, y al primero le devuelve la salud; a uno le da, a otro le da.

Y acepta las obras, y abraza la contemplación; el acto que Él honra, y la intención que Él elogia.

Por tanto, que todos entren en el gozo del Señor. Los primeros y los últimos, reciban su salario. Ricos y pobres, bailan entre ellos. Los templados y los perezosos, honren este día. Los que habéis ayunado y los que no, alegraos este día. La mesa está completamente cargada; todos ustedes se deleitan en ello. El becerro es abundante, que nadie se vaya con hambre. Que todos disfruten de este banquete de fe. Que todos disfruten de la riqueza de la bondad. Que nadie se lamente de su pobreza, porque el reino universal se ha manifestado. Que nadie se lamente por sus transgresiones, porque el perdón ha resucitado de la tumba. Que nadie tema a la muerte, porque la muerte del Salvador nos ha hecho libres. El que fue retenido por la muerte, erradicó la muerte. Saqueó el Hades cuando descendió al Hades. Él lo amargó, cuando probó de Su carne, y esto lo predijo Isaías cuando exclamó: Dijo el Hades que estaba amargado, cuando Te encontró abajo. Amargado, porque fue abolido. Amargado, porque fue ridiculizado. Amargado, porque fue puesto a muerte. Amargado, porque fue destronado. Amargado, porque fue hecho cautivo.

Recibió un cuerpo y por casualidad se encontró cara

a cara con Dios. Recibió la tierra y se encontró con el cielo. Recibió lo que podía ver, y fue derribado por Aquel a quien no podía ver. ¿Dónde, oh muerte, está tu aguijón? ¿Dónde, oh, Hades, está tu victoria? Cristo ha resucitado, y tú echado abajo. Cristo ha resucitado, y los demonios han caído. Cristo ha resucitado y los ángeles se regocijan. Cristo ha resucitado, y la vida es liberada. Cristo ha resucitado, y nadie permanece muerto en una tumba. Porque Cristo, habiendo resucitado de entre los muertos, se hizo primicias de los que durmieron. A Él sea la gloria y el poder, por los siglos de los siglos. Amén. [19]

---

### San León el Magno (c. 400-461)

Por lo tanto, cuando el misericordioso y todopoderoso Salvador dispuso el comienzo de Su curso humano de tal manera que ocultó el poder de Su Deidad, que era inseparable de Su humanidad, bajo el velo de nuestra debilidad, el astuto enemigo fue tomado por sorpresa y pensó que la natividad del Niño, que nació para la salvación de la humanidad, estaba tan sujeta a sí mismo como todos los demás en su nacimiento. Porque lo vio llorando y llorando, lo vio envuelto en pañales, sometido a la circuncisión, ofreciendo el sacrificio que la ley ordenaba. Y entonces percibió en Él el crecimiento habitual de la niñez, y no pudo haber tenido ninguna duda de que alcanzaría el estado de hombre por pasos naturales.

Mientras tanto infligía insultos, multiplicaba injurias, se servía de maldiciones, afrentas, blasfemias, ultrajes, en una palabra, derramó sobre Él toda la fuerza de su furor y agotó todas las variedades de la prueba: y sabiendo cómo había envenenado la naturaleza del hombre, no tenía idea de que Él no tenía parte en la primera transgresión cuya mortalidad había comprobado con tantas pruebas. El ladrón sin escrúpulos y el salteador codicioso se empeñaron en agredir a Aquel que no tenía nada propio, y al ejecutar la sentencia general sobre el pecado original, traspasó el vínculo sobre el que descansaba, y exigió el castigo de la iniquidad de Aquel en Quien no halló nada. culpa. Y así se anulan los términos malévolos del pacto mortal, y por la injusticia de un sobrecargo se cancela toda la deuda. El fuerte está atado con sus propias cadenas, y cada artimaña del maligno retrocede sobre su propia cabeza. Cuando el príncipe del mundo es atado, todo lo que tenía en cautiverio es liberado. Nuestra naturaleza limpiada de su antiguo contagio recupera su estado honroso, la muerte es destruida por la muerte, la natividad es restaurada por la natividad: ya que al mismo tiempo la redención elimina la esclavitud, la regeneración cambia nuestro origen y la fe justifica al pecador. [20]

---

### Concilio de Calcedonia (451)
Su nacimiento en el tiempo de ninguna manera resta ni añade a ese divino y eterno nacimiento suyo: sino que todo su propósito es restaurar a la humanidad, que había sido engañada, para que pueda vencer a la muerte y, con su poder, destruir al diablo que tenía el poder de la muerte. Superar al autor del pecado y de la muerte estaría más allá de nosotros, si aquel a quien el

pecado no pudo contaminar, ni la muerte pudo sujetar, tomó nuestra naturaleza y la hizo suya. Fue concebido del Espíritu Santo dentro del vientre de la madre virgen. Su virginidad estaba tan intacta al darle a luz como al concebirlo.[21]

---

## San Isidoro de Sevilla (c. 560-636)

El diablo fue engañado por la muerte del Señor... porque Cristo, a quien el diablo estaba tratando de matar, ocultó su divinidad a través de la visible mortalidad de su carne, como un lazo en el cual podría enredarlo como un pájaro insensato por un astuto trampa... El diablo, aunque atacó la carne de la humanidad en Cristo que era evidente, fue capturado como por el anzuelo de su divinidad que yacía escondida. Porque en Cristo está el anzuelo de la divinidad; el alimento, sin embargo, es la carne; el sedal es la genealogía que recita el Evangelio. Sostener este hilo de pescar verdaderamente es Dios Padre.[22]

---

## San Máximo el Confesor (c. 580-662)

Su carne fue puesta ante ese dragón voraz y boquiabierto como cebo para provocarlo: carne que sería mortal para el dragón, porque lo destruiría por completo por el poder de la Deidad escondida dentro de ella. Para la naturaleza humana, sin embargo, su carne debía ser un remedio ya que el poder de la Deidad en ella restauraría la naturaleza humana a su gracia original.

Así como el diablo había envenenado el árbol del

conocimiento y echado a perder nuestra naturaleza con su sabor, así también, al pretender devorar la carne del Señor, él mismo se corrompe y es completamente destruido por el poder de la Deidad escondida en ella.[23]

## San Bernardo (c. 1090-1153)

Viene como un infante, y sin palabras, porque la voz del infante que llora despierta compasión, no terror. Si Él es terrible para alguien, pero no para ti. Se ha hecho un Pequeñito, Su Madre Virgen envuelve con vendas Sus tiernos miembros, ¿y tú todavía tiemblas de miedo? Por esta debilidad puedes saber que Él no viene a destruir, sino a salvar; no para atar, sino para desatar. Si Él toma la espada, será contra tus enemigos, y, como el Poder y la Sabiduría de Dios, pisoteará la cerviz de los soberbios y de los fuertes.

Tenemos dos enemigos, el pecado y la muerte, es decir, la muerte del alma y la muerte del cuerpo. Jesús viene a conquistar a ambos ya salvarnos de ambos. Él ya ha vencido al pecado en Su propia persona al asumir una naturaleza humana libre de la corrupción del pecado. Porque se ofreció una gran violencia al pecado, y se supo verdaderamente subyugado, cuando esa naturaleza que se gloriaba de haber infectado y poseído por completo se encontró en Cristo perfectamente libre de su dominio. De ahora en adelante Cristo perseguirá a nuestros enemigos, y los atrapará, y no desistirá hasta que sean vencidos en nosotros. Toda su vida mortal fue una guerra contra el pecado. Luchó contra ella con la palabra y el ejemplo. Pero fue en Su pasión que se encontró con el hombre fuerte armado, y lo ató y se llevó su botín.

Jesucristo también vence a nuestro segundo enemigo, la muerte. Él lo vence primero en sí mismo, cuando resucita de entre los muertos, las primicias de los que duermen, y el primogénito de entre los muertos. Después Él, de la misma manera, vencerá a la muerte en todos nosotros cuando Él levante nuestros cuerpos mortales del polvo, y destruya a este nuestro último enemigo. Así, cuando resucitó de entre los muertos, Jesús estaba vestido de hermosura, no envuelto en pañales como en Su nacimiento. El que antes rebosaba de misericordia, "sin juzgar a nadie", se ciñó en su resurrección con el cinturón de la justicia, y al hacerlo pareció en cierto modo restringir su sobreabundante misericordia a fin de estar preparado para el juicio que ha de seguir. nuestra futura resurrección.[24]

---

### San Buenaventura (c. 1221-1274)
Ahora que el combate de la pasión había terminado, y el dragón ensangrentado y el león furioso pensaban que habían asegurado una victoria al matar al Cordero, el poder de la divinidad comenzó a brillar en su alma mientras descendía a los infiernos. Con este poder nuestro fuerte León de la tribu de Judá (Apoc. 5:5), levantándose contra el hombre fuerte que estaba completamente armado (Lucas 11:21), le arrancó la presa, derribó las puertas del infierno y ató la serpiente. Despojando a los principados y potestades, los llevó con valentía,

mostrándolos abiertamente triunfantes en sí mismo (Col. 2:15). Entonces el Leviatán fue conducido con un garfio (Job 40:25), su mandíbula atravesada por Cristo, de modo que el que no tenía derecho sobre la cabeza que había atacado, perdió también lo que parecía tener sobre el cuerpo. Entonces el verdadero Sansón, al morir, postró al ejército del enemigo (cf. Jueces 16:30). Entonces el Cordero sin mancha por la sangre de su Testamento sacó a los cautivos del pozo en el que no había agua (Zac. 9:11).

Entonces el tan esperado resplandor de una nueva luz brilló sobre los que habitaban en región de sombra de muerte (Isaías 9:2).[25]

## PREGUNTA:

*¿Sabía el diablo quién era Jesús?*

Esto a menudo causa confusión, ya que parece que lo hace. Comentarios en los Evangelios como, "Sabemos quién eres, el Santo de Dios", o "Si eres Hijo de Dios", parecen indicar que el diablo o los demonios lo conocían. Pero esto no es cierto. Por un lado, el amor y la humildad están literalmente más allá de la forma de pensar del infierno, y Dios hecho carne en la persona de Jesús es lo máximo en amor y humildad. Además, expresiones como "santo de Dios" o "Hijo de Dios" eran formas comunes entre el pueblo judío de referirse al Mesías, de quien no se esperaba en absoluto que fuera una persona divina, sino más bien un hombre.

Frank Sheed, en su libro To Know Christ Jesus, lo expresa de esta manera: "Creo que era de primera urgencia averiguar qué significaba 'hijo de Dios'. Había sido usado en el Antiguo Testamento como nombre del Mesías (Sal. 2:7).

¿Pero sabía lo que significaba? "Hijo de Dios" se ha utilizado de diversas maneras en el Antiguo Testamento: del pueblo elegido, por ejemplo (Ex. 4:22), y, en plural, de los jueces judíos (Sal. 81:6). Satanás conocía su Antiguo Testamento, pero el libro de Job debe haberlo escudriñado con especial detenimiento, ya que gran parte de él trataba sobre cierto Satanás y el gran carnaval que tenía a expensas de Job. En ese libro (1:6, 2:1, 38:7) "hijos de Dios" significaba los ángeles no caídos. Satanás bien pudo haber sopesado la posibilidad de que el Mesías pudiera ser un ángel, entrando de alguna manera imprevisible en la humanidad para "que le aplastaran la cabeza".[26]

10. Baptismal Ritual of the Catholic Church, 158.

11. Kreeft, The Greatest Philosopher Who Ever Lived, 247-248.

12. St. Ignatius of Antioch, "The Second Epistle of Ignatius to the Ephesians," 102.

13. St. Justin Martyr, "Dialogue with Trypho," 100.

14. St. Melito of Sardis, "Sermon on The Passover."

15. St. Irenaeus, The Demonstration of the Apostolic Preaching.

16. St. Gregory of Nyssa, The Great Catechism, ch. XXIV.

17. St. Augustine, "Expositions of the Psalms 51-72," 464-465.

18. St. Ephrem, "A Sermon on the Cross of Christ."

19. St. John Chrysostom, "The Easter Sermon of John Chrysostom."

20. St. Leo the Great, "Sermon 22."

21. The Council of Chalcedon. "The Letter of Pope Leo to Flavian."

22. Knoebel quoting Isidore of Seville, Sententiae, 61.

23. St. Maximus the Confessor, Mystery of the Divine Incarnation.

24. St. Bernard, "The Fountains of the Savior," Sermons on Advent & Christmas, 103-104.

25. St. Bonaventure, The Soul's Journey to God, 159.

26. Sheed, To Know Christ Jesus, 118.

Capítulo Seis

# ¿Qúe diferencia hace?

*"Que nadie tema a la muerte, porque la Muerte de nuestro Salvador nos ha hecho libres. Él lo ha destruido al soportarlo. Destruyó el Hades cuando descendió a él. Lo puso en un alboroto incluso cuando probaba de Su carne. Isaías lo predijo cuando dijo: "Tú, oh infierno, te has turbado al encontrarlo abajo". El infierno estaba alborotado porque había sido eliminado. Estaba en un alboroto porque es burlado. Estaba en un alboroto, porque está destruido. Está en un alboroto, porque está aniquilado. Está alborotado, porque ahora está cautivo. El infierno tomó un cuerpo y descubrió a Dios. Tomó la tierra y se encontró con el Cielo. Tomó lo que vió, y fue vencido por lo que no vió. Oh muerte, ¿dónde está tu aguijón? Oh Hades, ¿dónde está tu victoria?* [27]

- San Juan Crisóstomo

# LA GRACIA:
## *La confianza inquebrantable en Jesús*

"El nos arrancó del poder de las tinieblas y nos trasladó al Reino de Su Hijo muy amado, en quien nos encontramos liberados y perdonados Él." [28]

Colosenses 1: 13-14

## TEMAS

### Jesús ha...

- Humillado al enemigo.
- Transferido la humanidad de un dominio a otro.
- Hecho impotente el pecado.
- Destruido el poder de la Muerte.
- Cancelado nuestra deuda.
- Nos ha recreado.
- Nos ha dado acceso al Padre.
- Nos ha dado autoridad sobre el enemigo.
- Nos ha enviado en misión para recuperar su mundo.
- Nos ha divinizado.

## PREGUNTAS PARA CONSIDERAR

- ¿Qué estoy pensando y cómo me siento en este momento?
- ¿Qué resultado de la Resurrección de Jesús resuena más profundamente en mí y por qué?
- Recordando la importancia de las historias del Capítulo Uno, ¿qué impacto está teniendo la historia bíblica en mi vida?

_____

_____

_____

_____

_____

_____

_____

_____

_____

_____

# RECURSOS

*Catecismo de la Iglesia Católica* 651-655:

## "Sentido y alcance salvífico de la Resurrección"

651 "Si no resucitó Cristo, vana es nuestra predicación, vana también vuestra fe". La Resurrección constituye ante todo la confirmación de todo lo que Cristo hizo y enseñó. Todas las verdades, incluso las más inaccesibles al espíritu humano, encuentran su justificación si Cristo, al resucitar, ha dado la prueba definitiva de su autoridad divina según lo había prometido.

652 La Resurrección de Cristo es cumplimiento de las promesas del Antiguo Testamento y del mismo Jesús durante su vida terrenal. La expresión "según las Escrituras" indica que la Resurrección de Cristo cumplió estas predicciones.

653 La verdad de la divinidad de Jesús es confirmada por su Resurrección. Él había dicho: "Cuando hayáis levantado al Hijo del hombre, entonces sabréis que Yo Soy". La Resurrección del Crucificado demostró que verdaderamente, él era "YO SOY", el Hijo de Dios y Dios mismo.

San Pablo pudo decir a los Judíos: "La promesa hecha a los padres Dios la ha cumplido en nosotros a resucitar a Jesús, como está escrito en el salmo primero: "Hijo mío eres tú; yo te he engendrado hoy". La Resurrección de Cristo está estrechamente unida al misterio de la Encarnación del Hijo de Dios: es su plenitud según el designio eterno de Dios.

654 Hay un doble aspecto en el misterio pascual: por su muerte nos libera del pecado, por su Resurrección nos abre el acceso a una nueva vida. Resucitado de entre los muertos... así también nosotros vivamos una nueva vida".

Esta es, en primer lugar, la justificación que nos devuelve a la gracia de Dios "a fin de que, al igual que Cristo fue consiste en la victoria sobre la muerte y el pecado y en la nueva participación en la gracia. Realiza la adopción filial porque los hombres se convierten en hermanos de Cristo, como Jesús mismo llama a sus discípulos después de su Resurrección: "Id, avisad a mis hermanos". Hermanos no por naturaleza, sino por don de la gracia, porque esta filiación adoptiva confiere una participación real en la vida del Hijo único, la que ha revelado plenamente en su Resurrección.

655 Por último, la Resurrección de Cristo —y el propio Cristo resucitado— es principio y fuente de nuestra resurrección futura: "Cristo resucitó de entre los muertos como primicias de los que durmieron [...] del mismo modo que en Adán mueren todos, así también todos revivirán en Cristo". En la espera de que esto se realice, Cristo resucitado vive en el corazón de sus fieles. En Él los cristianos "saborean [...] los prodigios del mun-

do futuro" y su vida es arrastrada por Cristo al seno de la vida divina para que ya no vivan para sí los que viven, sino para aquel que murió y resucitó por ellos".[29]

*Surprised by Hope: Rethinking Heaven, the Resurrection, and the Mission of the Church*, N.T. Wright. *Sorprendido por la Esperanza*

## "La extraña historia de la Pascua"

Hay muchos argumentos menos importantes que pudiéramos traer a colación en este punto. Sin embargo, ahora procederemos a resumirlos. Podemos empezar con otras propuestas que se presentan con cierta regularidad, como explicaciones que compiten con la explicación cristiana primitiva:

1 Jesús no murió realmente. Alguien le dio alguna droga para que tan solo pareciera que estaba muerto, y, más tarde, el revivió en la tumba.
Respuesta: Los soldados romanos sabían cómo matar a la gente, y ningún discípulo habría sido engañado por un Jesús medio drogado y golpeado haciéndole creer que había vencido a la muerte e inaugurado el reino.

2 Cuando las mujeres fueron a la tumba, se encontraron a otra persona (podría ser Santiago, el hermano de Jesús, quien se parecía a él), y en esa media luz pensaron que era el mismo Jesús.
Respuesta: muy pronto se hubieran percatado de que no era así.

3 Jesús solo se les apareció a las personas que creían en él.

Respuesta: los relatos dejan claro que Tomás y Pablo no entran en esta categoría; y en realidad ninguno de los seguidores de Jesús creía, después de su muerte, que él realmente era el Mesías, y menos aún pensaban que el fuera divino en lo absoluto.

4 Los relatos que tenemos están sesgados.

Respuesta: también lo está toda la historia, todo el periodismo. Cada foto que se toma se toma desde el ángulo de alguien.

5 Empezaron por decir "él resucitara de entre los muertos", tal como la gente solía decirlo de los mártires, y muy pronto comenzaron a decir "él ha resucitado de entre los muertos", lo cual era equivalente desde el punto de vista funcional.

Respuesta: no, no lo era.

6 Muchas personas tienen visiones de alguien a quien quieren y que acaba de morir; esto fue lo que les sucedió a los discípulos.

Respuesta: ellos conocían muy bien este tipo de manifestaciones y hasta tenían varias palabras en su idioma para describirlas. Hubieran dicho simplemente: 'es su ángel' o 'es su espíritu' o 'su fantasma'. No habrían dicho jamás 'él ha resucitado de entre los muertos'.

7 Finalmente, el argumento que es, Quizás el más popular de todos: lo que sucedió realmente fue que ellos tuvieron algún tipo de experiencia "espiritual" intensa,

que interpretaron a través de las categorías judías. Después de todo, Jesús estaba vivo espiritualmente, y ellos seguían estando en contacto con él.

Respuesta: esta es simplemente una descripción de una muerte noble seguida de una inmortalidad platónica. La resurrección fue y es la victoria sobre la muerte, y no simplemente una descripción más agradable de la muerte; así como también es algo que sucede algún tiempo después del momento de la muerte, no inmediatamente después.

De igual manera, podemos apenas destacar tres de los múltiples argumentos de menor escala que a menudo, y de forma acertada, se han presentado para respaldar la creencia de que Jesús en realidad si resucitó de entre los muertos:

1 Las tumbas judías, especialmente las de los mártires, eran veneradas y, a menudo, se convertían en lugares santos. No hay señal alguna de que esto haya sucedido con la tumba de Jesús.

2 El énfasis que pone la iglesia primitiva en el primer día de la semana al convertirlo en su día especial es muy difícil de explicar a menos que verdaderamente algo muy sorprendente haya pasado ese día. Un despertar gradual o incluso súbito de la fe no basta para explicar este énfasis repentino.

3 Es muy difícil pensar que los discípulos estuvieran dispuestos a sufrir y morir por una creencia que no se apoyara firmemente en un hecho real. Este es un punto

importante, aunque esté sujeto a la debilidad de que ellos pudieran haber estado confundidos genuinamente: ellos creían que la resurrección de Jesús era un hecho y actuaron sobre la base de tal creencia, aunque nosotros sepamos (por así decirlo) que ellos estaban equivocados.

Todo esto nos lleva a enfrentarnos cara a cara con el último y el más vital de los aspectos. La tumba vacía y las reuniones con Jesús son hechos que se han establecido con tanta claridad, en virtud de los argumentos que yo he presentado, como se pudiera esperar de cualesquiera datos históricos. Analizados de forma conjunta ambos hechos constituyen la única explicación posible que podemos dar de las historias y creencias que surgieron con tan rapidez entre los seguidores de Jesús.

Ahora bien, ¿cómo podemos explicarlos?

De tratarse de cualquier otra investigación histórica, la respuesta hubiera sido tan obvia que casi habría surgido sin necesidad de expresarla. en este caso, cloro está, esta respuesta obvia ("bueno, en realidad sucedió") nos conmociona tanto, y es tan trascendental que, con toda la razón nos tomamos nuestro tiempo y nos deteneos antes de dar un salto hacia lo desconocido. Es más, a este respecto, cabe mencionar, tal como me lo han señalado con cierto entusiasmo algunos amigos escépticos , que siempre es posible que cualquiera prosiga con el argumento hasta este punto y luego diga simplemente: 'No tengo una buena explicación para lo que sucedió y que llevo a que la tumba estuviera vacía' y a que se manifestaran las apariciones, pero igualmente he decidido ceñirme a mi convicción de que los muertos no resucitan y, por lo tanto, debo llegar a la conclusión de que debe haber pasado otra cosa, incluso a pesar de que no podamos decir qué fue lo que sucedió.' Eso me parece muy bien; Respeto esa posición, pero simplemente quiero destacar que, entonces, es cuestión de elección, y no cuestión de decir que esa disciplina que se conoce como "historiografía científica" es lo que en sí nos lleva a tomar ese camino.[30]

## LECTURAS SUGERIDAS

Wright, N.T. *The Resurrection of the Son of God,* 2003.

27. St. John Chrysostom, "The Easter Sermon of John Chrysostom."
28. Col. 1:13-14 Biblia Latinoamericana.
29. Catechism of the Catholic Church 651-655: "The Meaning and Saving Significance of the Resurrection", 170-171.
30. Wright, N.T., *Surprised by Hope,* 72-73.

Capítulo Siete

# Las palabras no son suficientes

*"Es el Espíritu Santo, por tanto, quien infunde en el corazón el sentimiento de la filiación divina, quien nos hace sentir (¡no sólo saber!) que somos hijos de Dios. El Espíritu mismo se une a nuestro espíritu para dar testimonio de que somos hijos de Dios (Rom. 8:16). Esta obra fundamental del Espíritu Santo se realiza a veces de manera repentina e intensa en la vida de una persona... Con motivo de un retiro... o con motivo de la oración por una nueva liberación del Espíritu, el alma se llena de una nueva luz en la que Dios se revela en cierto modo como Padre. ... Se experimenta un sentimiento de gran confianza y confidencia y un sentido completamente nuevo de la condescendencia de Dios. Otras veces, en cambio, esta revelación del Padre va acompañada de un sentimiento tan fuerte de la majestad y de la trascendencia de Dios, que el alma se sobrecoge."* [31]

- Raniero Cantalamessa,
*La vida en el señorío de Cristo*

## GRACIA: *Estar abrumado*

Y pediré al Padre, y os dará otro Paráclito, para que esté con ustedes para siempre, el Espíritu de Verdad. . .ustedes lo conocen, porque mora con ustedes, y estará en ustedes.[32]

Juan 14:16-17

## TEMAS

El Espíritu Santo...
- Me convence que Jesús vino a rescatarme.
- Me mueve a rendirme.
- Me da el corazón para ir a rescatar a otros.

---

31. Cantalamessa, *Life in the Lordship of Christ*, 167-168.
32. Jn. 14:16-17 RSV.

## PREGUNTAS A CONSIDERAR

### Reflexión sobre el Espíritu

- Espíritu Santo, ayúdame a saber que éstas no son solo palabras.
- Espíritu Santo, llévame al Calvario.
- Espíritu Santo, convénceme de que Jesús está en la cruz por mi
- Espíritu Santo, convénceme que Dios es mi Padre.
- Espíritu Santo, convénceme de que soy Su amado hijo/hija.
- Espíritu Santo, abrúmame ahora.

_____

_____

_____

_____

_____

_____

_____

_____

Capítulo Ocho

# ¿Qué es lo que Él quiere de mí?

*"...cuando el Hijo del Hombre venga, ¿encontrará la fe sobre la tierra?"*

*Lucas 18:8*

## GRACIA: *Estar abrumado*

...Dios es amor.
1 Juan 4:8

## TEMAS

### ¿Qué es la fe?

La fe *no* es:

- *Un sentimiento*
- *Ciega*
- *Asentimiento intelectual*

La fe es:

- *La obra de Dios en mí a la que respondo*
- *Una forma de saber*
- *Entregarse*

## ¿Cómo me entrego?

- La parte más fácil: aferrarse al Señor que te rescató
- La parte más desafiante: desprenderte de tus ídolos

## PREGUNTAS A CONSIDERAR

- ¿Cuáles son los ídolos en mi vida?
- ¿Cómo sería, de manera práctica, desligarme de los ídolos en mi vida?

_____

_____

_____

_____

_____

_____

_____

_____

_____

# Oración de **Entrega**

Padre,
Creo que por tu amor infinito me creaste. Vengo ante ti, tal como soy, con todos mis quebrantos, heridas y dolores. Me arrepiento de todas las veces que he creído las mentiras del enemigo, que no eres un buen Padre y que no me amas. Me arrepiento y te pido que me perdones por todos mis pecados.

Jesús,
Gracias por rescatarme del pecado, la muerte, el infierno y Satanás. Y así, aquí y ahora, me entrego a ti, y deseo tu señorío sobre cada área de mi vida.

Ven Santo Espíritu,
Te pido ahora que inundes mi alma con el amor del Padre, y la convicción que importo, que valgo la pena, y que ante Dios, te importo tanto que muriste por mi.

Amén.

# Tengo sed de ti

Es verdad.

Estoy a la puerta de tu corazón, día y noche. Incluso cuando no estás escuchando, incluso cuando dudas de que pueda ser Yo, allí estoy Yo: esperando la más mínima señal de tu respuesta, incluso la más mínima sugerencia de una invitación que me permita entrar.

Y quiero que sepas que cada vez que me invitas vengo siempre, sin falta. Vengo silencioso e invisible, pero con un poder y un amor infinitos, trayendo los muchos dones de Mi Espíritu. Vengo con Mi misericordia, con Mi deseo de perdonarlos y sanarlos, con un amor por ti que va más allá de su comprensión—un amor tan grande como el amor que he recibido del Padre. Vengo, anhelando consolarte y darte fuerza, levantarte y vendar todas tus heridas. Te traigo Mi luz, para disipar tus tinieblas y todas tus dudas. Vengo con Mi poder, para llevarte a ti y a todos tus pesares; con Mi gracia, tocar tu corazón y transformar tu vida; y Mi paz, para apacentar tu alma.

Te conozco como la palma de mi mano. Yo conozco todo sobre ti. Aun los cabellos de tu cabeza han sido contados. Nada en tu vida carece de importancia para Mi. Te he seguido a través de los años y siempre te he amado aun cuando te hayas perdido. Conozco cada uno de tus problemas. Conozco tus necesidades y tus preocupaciones y, sí, conozco todos tus pecados.

Pero te digo otra vez que te amo, no por lo que tu haces o has dejado de hacer, te amo por ti, por tu belleza y la Dignidad que Mi Padre te dió al crearte en Su propia imagen. Es una dignidad que a veces has olvidado, una belleza que has ensuciado con pecado. Pero te amo como eres, y yo he ofrecido Mi Sangre para rescatarte. Si solo me lo pidieras con fe. Mi gracia tocaría todas tus necesidades, cambiando tu vida: te daría la fuerza necesaria para liberarte del pecado y de todo su poder destructivo.

Sé lo traes en el corazón; conozco tu soledad y todas tus heridas, tus rechazos, juicios, y humillaciones. Yo las recibí antes que tú. Y las he cargado a todas ellas por ti, para que puedas compartir Mi fuerza y Mi victoria. Conozco especialmente tu necesidad de amor – la gran sed que tienes de ser amado y valorado. Pero muchas veces has tenido sed en vano, tratando de llenar el vacío adentro de ti con placeres pasajeros – ahondando el vacío del pecado. Tienes sed de amor? "Si alguno tiene sed, que venga a mí..." (Juan 7:37). Te saciaré y llenaré. ¿Tienes sed de ser amado?

Te amo más de lo que pudieras imaginar, hasta el punto de morir en una cruz por ti.

Tengo sed de ti. Sí, esa es la única manera de comenzar a describir te Mi amor por ti.

Tengo sed de ti. Esa es la única manera de comenzar a describir Mi amor por ti. Tengo sed de ti. Tengo sed de amarte y de ser amado por ti; así de precioso eres para

Mí. Tengo sed de ti. Ven a Mí, y Yo llenaré tu corazón y curaré tus heridas. Haré de ti una nueva creación y te daré paz aun en tu aflicción. Tengo sed de ti.

Nunca dudes de Mi misericordia, Mi aceptación de ti, Mi deseo de perdonar, Mi anhelo de bendecirte y vivir Mi vida en ti. Tengo sed de ti. Si te sientes sin importancia a los ojos del mundo, eso no importa en absoluto.

Para mí, no hay nadie más importante en el mundo que tú. tengo sed de ti Ábrete a Mí, ven a Mí, ten sed de Mí, dame tu vida y Yo te demostraré lo importante que eres para Mi Corazón.

¿No te das cuenta de que Mi Padre ya tiene un plan perfecto para transformar tu vida, a partir de este momento? Confía en mí. Pídeme cada día que entre y me haga cargo de tu vida, y lo haré. Te prometo ante Mi Padre en el Cielo que obraré milagros en tu vida.

¿Porqué haría esto? Porque tengo sed de ti. Lo único que te pido es que te entregues completamente a Mí. Yo haré todo lo demás.

Incluso ahora, contemplo el lugar que Mi Padre ha preparado para ti en Mi Reino. Recuerda que eres un peregrino en esta vida, de camino a casa. El pecado nunca puede satisfacerte ni traerte la paz que buscas. Todo lo que has buscado fuera de Mí sólo te ha dejado más vacío, así que no te aferres a las cosas de esta vida. Sobre todo, no huyas de Mí cuando caigas. Ven a Mí sin demora. Si me ofreces tus pecados, me das la alegría de ser tu Salvador. No hay nada que no pueda perdonar y sanar; así que ven ahora, y quítate la carga de tu alma.

Por mucho que divagues, por mucho que me olvides, por muchas cruces que lleves en esta vida; hay una cosa que quiero que recuerdes siempre, una cosa que nunca cambiará: tengo sed de ti, tal como eres. No necesitas cambiar para creer en Mi amor, porque será tu creencia en Mi amor lo que te cambiará. Me olvidas y, sin embargo, te busco en cada momento del día, de pie ante las puertas de tu corazón y llamándote. ¿Encuentras esto difícil de creer?

Entonces mira nuevamente la Cruz, mira Mi Corazón que fue traspasado por ti. ¿No has comprendido Mi Cruz? Entonces escucha de nuevo las palabras que allí pronuncié, porque te dicen claramente por qué soporté todo esto por ti: "Tengo sed..." (Juan 19:28). Sí, tengo sed de ti. Nunca he dejado de buscar amarte y ser amado por ti. Has probado muchas otras cosas en tu búsqueda de la felicidad; ¿Por qué no intentas abrirme tu corazón, ahora mismo, más de lo que lo has hecho antes? Y cuando finalmente abras la puerta de tu corazón, cada vez que te acerques lo suficiente, entonces Me escucharás decirte una y otra vez, no en meras palabras humanas sino en espíritu: No importa lo que hayas hecho, te amo por tu bien propio. Así que ven a Mí con tu miseria y tus pecados, con tus problemas y necesidades, y con todo tu anhelo de ser amado, porque Yo estoy a la puerta de tu corazón y llamo.

Ábrete de mí, porque tengo sed de tí.[33]

*- Santa Madre Teresa de Calcuta*

## SUGGESTED READING

Driscoll, Fr. Jeremy. *Awesome Glory: Resurrection in Scripture, Liturgy, and Theology,* 2019.

Driscoll, Fr. Jeremy. *What Happens at Mass,* 2005.

Hahn, Dr. Scott. *The Lamb's Supper: The Mass as Heaven on Earth,* 1999.

---

33. Oración de la Santa Madre Teresa de Calcuta, Tengo sed de tí.

Capítulo Nueve

# Claridad sobre la misión

*"En el drama de alto riesgo que nos rodea, a cada uno se nos ha dado un papel que desempeñar, uno que lleva nuestro nombre y el de nadie más. Cada uno de nosotros tiene la misericordia de Dios para recibir, la oportunidad de morir al propio ser, un Reino que ganar, una batalla que pelear y enemigos espirituales que exterminar, camaradas a quien ayudar, rebeldes que ganar. ... La antigua batalla ruge a nuestro alrededor, y la aventura para la que nacimos nos llama".* [34]

- Sophia Consulting,
*La Narrativa Cósmica Cristiana*

## GRACIA: *Ser magnánimo*

Ustedes son la luz del mundo... Y no se enciende una lámpara para meterla debajo de un cajón, sino que se la pone sobre el candelero para que ilumine a todos los que están en la casa.

Mateo 5:14-15

## TEMAS

## La Misión

1. Sabotaje y Resistencia

_____

_____

_____

_____

_____

_____

## 2. Reconciliación

_____

_____

_____

_____

_____

_____

## 3. Re-creación

_____

_____

_____

_____

_____

_____

## 4. Sanación

_____

_____

_____

_____

_____

_____

## 5. Restauración

_____

_____

_____

_____

_____

## 6. Embajada

_____

_____

_____

_____

_____

_____

34. Sophia Consulting, *La Narrativa Cósmica Cristiana*, 2022.

## PREGUNTAS A CONSIDERAR

- Lea la reflexión *"Otras dos misiones esenciales: la oración y el sufrimiento"* a continuación. ¿Qué evoca en mí, y por qué?
- ¿Ha cambiado mi comprensión de la misión del discípulo? ¿Cómo y por qué?
- ¿Cuáles misiones tienen mayor significancia para mí? ¿Por qué?

Al concluir este capítulo, discierne en oración cómo Dios puede estar invitándote ahora a escribir el próximo capítulo de su historia.

_____

_____

_____

_____

_____

_____

_____

# Otras dos misiones esenciales:
## Oración y sufrimiento

Cualquier intento de hacer una descripción exhaustiva de la misión que Jesús nos envía a cumplir, ciertamente se quedará corto. En esta charla hemos llamado la atención a seis misiones, por así decirlo, que el Señor nos llama a realizar: resistencia, reconciliación, recreación, sanación, transformación y embajada.

Hay, sin embargo, dos misiones adicionales que deben mencionarse al ya terminar: la oración y el sufrimiento.

Primero, la oración. Es crucial recordar que el bautismo realmente hace algo en una persona. Por ejemplo, realmente lava el pecado; nos transfiere del dominio y reino de las tinieblas al reino del amado Hijo de Dios; nos hace nuevas criaturas; hace que seamos templos del Espíritu Santo; nos incorpora al Cuerpo de Cristo; nos hace hijos e hijas adoptivos de Dios y más (cf. Hch. 2:38; 22:16; Col. 1,13-14; Rom. 8:14-17;12:4-5; 1 Cor. 6:19; 12:12-14; 2 Cor. 5:17; *Catecismo de la Iglesia católica nos.* 1262- 1274).

El bautismo, sin embargo, también convierte a una persona en sacerdote o, más precisamente, formando parte del sacerdocio de Jesús. Esto se conoce comúnmente como "el sacerdocio de todos los creyentes", a diferencia del sacerdocio ministerial. San Pedro recuerda a la comunidad cristiana primitiva que son "linaje escogido, real sacerdocio" (1 Pedro 2:5).

Pedro está hablando a todas las personas, hombres y mujeres, que han renacido en el bautismo. El vidente en el Apocalipsis escribe: "El nos amó y nos purificó de nuestros pecados, por medio de su sangre, e hizo de nosotros un Reino sacerdotal para Dios, su Padre" (Apocalipsis 1:5-6). Asimismo, el vidente se refiere a todos los nacidos de nuevo del agua y del Espíritu Santo.

¿Qué hacen los sacerdotes? El Abad Jeremy Driscoll dice que: "Es el trabajo del sacerdote llevar a otro ante Dios en oración". Podemos hacer esto porque tenemos acceso a Dios. *¡Esto es increíble!* Si tratara de entrar a la Casa Blanca para reunirse con el presidente, sin duda lo mandarían de vuelta, o incluso hasta seria arrestado! Si tratara de meterse a la oficina del doctor sin cita, lo más probable es que lo detendrían para que llame antes y haga cita. Si usted entrara y tratara de ver al presidente de cualquier organización, seguro se le diría que simplemente no sería posible.

Pero podemos hablar con Dios... ¡en cualquier momento!

Y esto es parte esencial de nuestra misión como discípulos de Jesús. Todos estamos llamados a ponernos de pie, sentarnos, arrodillarnos o postrarnos en oración agonizante por el mundo, nuestro cónyuge, nuestros hijos, compañeros de trabajo, amigos, líderes, todos y cada uno. Estamos llamados a elevarlos hacia Aquel que es Amor y quiere que todos los hombres y mujeres se salven (cf. 1 Tm. 2:4). Se nos permite, incluso se nos invita, a tocar fuerte la puerta del Sagrado Corazón de Jesús, la de Aquel que nos ha rescatado del pecado, la muerte, Satanás y el infierno.

Los sacerdotes, sin embargo, también ofrecen sacrificios, y Jesús nos envía a todos a cumplir esta segunda misión.

San Pablo, en su Carta a los Romanos, exhorta así a los cristianos: "ofrecerse ustedes mismos como una víctima viva, santa y agradable a Dios: este es el culto espiritual que deben ofrecer" (Rom. 12:2).

Las imágenes que Pablo utiliza aquí son bastante graciosas, aunque dolorosas. Los sacrificios en su época solían ser animales colocados por un sacerdote sobre un altar para ser sacrificados y quemados como ofrenda a los dioses y diosas romanos. Esto se hizo en un intento de ganar el favor de los dioses o de apaciguar su ira. Pablo nos está diciendo que estamos llamados a ponernos en el altar, no para ganar el favor de Dios o apaciguarlo, sino en agradecimiento por todo lo que Él ya ha hecho por nosotros y para que podamos llegar a ser santos (el significado literal de sacrificio). Sin embargo, una diferencia clave es que somos sacrificios vivos, lo que significa que el cuerpo sigue arrastrándose fuera del altar. Cada día tenemos que elegir volver a arrastrarnos, en gratitud y confiando en el gran amor de nuestro Padre manifestado en Jesús.

Pero ¿hay algo más en este llamado a ofrecernos como sacrificio, de lo que parece a primera vista? Uno de los versículos más desafiantes de toda la Biblia es Colosenses 1:24.

San Pablo dice: "completo lo que falta de las tribulaciones de Cristo en mi carne, en favor de su cuerpo que es la Iglesia". ¿Qué en el mundo está "faltando" en los sufrimientos de Cristo? ¿Pablo quiere transmitir que lo que Jesús hizo al ir a la guerra para rescatarnos estuvo cerca pero no lo suficiente para lograr todo lo que vino a hacer? Difícilmente. Lo único que "falta" al sufrimiento de Jesús es nuestra participación en él.

Ahora, debe decirse de inmediato que hay dos tipos distintos de sufrimiento. Por un lado, hay sufrimientos que podemos asumir voluntariamente, como el ayuno o algún otro acto de penitencia; y, por otro lado, hay sufrimientos involuntarios que nos llegan, como el dolor crónico o el cáncer.

Como discípulos de Jesús somos enviados para unir nuestro sufrimiento a la cruz de Jesús por el bien del mundo. Esto es inmensamente Importante, ya que con respecto al sufrimiento involuntario, no es cuestión de si nos llega en esta vida, sino *como y cuando*.

La narrativa de la cultura en general ve al sufrimiento como un desperdicio, sin valor alguno. Hombres y mujeres en hogares de ancianos y hospitales, o confinados en sus propios hogares, o donde sea que los encuentre el dolor, pueden verse fuertemente tentados a pensar que lo que están pasando no tiene sentido, no tiene valor y es en vano.

El discípulo de Jesús conoce una historia diferente. Si hubiéramos estado allí en ese día que ahora llamamos

"Viernes Santo" y hubiéramos visto a Jesús en la cruz entre los dos ladrones, ciertamente habríamos pensado: "Qué desperdicio". Habríamos pensado que nada bueno saldría de eso.

Y nos hubiéramos equivocado.

Los discípulos de Jesús entienden que Él nos rescató precisamente por Su sufrimiento en la cruz, en donde Él nos reveló el amor del Padre, purgó nuestros pecados y fue a la guerra a defendernos de los poderes del Pecado, Muerte y Satanás.

Los discípulos de Jesús también entienden que Jesús no nos prometió que, si creíamos en Él, nos protegería de todo sufrimiento. En cambio, el Nuevo Testamento está lleno de pasajes sobre cómo sufriremos con y por Jesús antes de entrar de lleno en su Reino (cf. entre tantos versículos Mc. 8:34; Rom. 8:17; Fil. 1:29; 1 Pe. 4:12-16).

Sin embargo, como sucedió con Jesús en la cruz, así sucede con nosotros cuando sufrimos.

No es un desperdicio, ni es en vano, o al menos no tiene por qué serlo. Cuando sufrimos podemos sacar provecho. Y Dios puede hacer grandes cosas a través de él.

Antes era común escuchar a alguien alentar a otro que sufría a "ofrecerlo". Eso puede parecernos, quizás, un poco pasivo. Algunos han encontrado más útil, recordando las palabras de San Pablo en Col. 1:24, unir activamente lo que están pasando- quimioterapia, migrañas, dolor crónico de espalda, depresión u otro sufrimiento que se nos presenta – a la cruz de Jesús, confiando en que un día entenderán como Dios uso este sufrimiento. Lo importante es entender que nada de lo que estemos pasando ahora, no importando que tan doloroso sea, ¡no será en vano!

*Un ejemplo de oración y sufrimiento:*

Permítanme terminar ofreciendo un ejemplo final, uno de oración y sufrimiento. Mencioné en el video cómo Jesús usó a mi padre como un instrumento de sanación en la vida de mi madre, tanto que ella le dijo mientras yacía en su ataúd: "Cariño, gracias a ti sé quién es Dios". Jesús también puso a mi madre como ejemplo de oración y de sufrimiento.

Mi mamá pasó la mayor parte de los últimos años de su vida con un dolor intenso y crónico. El dolor generalmente se mide en una escala del 1 al 10. Muchos días su dolor era algo así como un 15. Mi madre, sin embargo, cuando era más joven, había experimentado una curación milagrosa, algo directamente de las páginas de los Evangelios o de los Hechos de los Apóstoles.

Menciono esto porque ella conocía de primera mano el poder de Dios y sabía que los milagros no estaban confinados al pasado. Sin embargo, con el tiempo llegó a comprender que el mismo Señor que una vez la había sanado ahora la estaba invitando a hacer lo mismo que Pablo hizo en su vida tantos años antes: llenar en su propia carne lo que faltaba en los sufrimientos de Cristo por el bien de los demás.

Y, así, mi mamá, sin romantizar el dolor de ninguna manera, aprendió a orar de una manera nueva, aprendió a gatear sobre el altar por amor a los demás. Cuando le pregunté sobre esto una vez, me dijo que le dijo al Señor: "Jesús, tú sabes que no quiero este dolor y que quiero que me liberes de él. Pero confío en que esto no es en vano, no es inútil, no carece de sentido, como tampoco lo fue tu cruz. Y, entonces, uno esto a tu cruz por..." y entonces se le ocurrió la idea de empezar a escribir nombres de personas que estaban en necesidad. Al principio eran solo unos pocos: mi papá, sus hijos, sus nietos y bisnietos. Con el tiempo, sin embargo, las listas crecieron. Ella empezó a juntar una bitácora de intenciones de oración en un bloc de notas amarillo en su buró al lado de su cama de hospital, en donde pasaba la mayor parte del día, o en la cocina, donde iba a dar unos pasos para aliviar el dolor. Podría ser por una pareja que había oído que tenían dificultades maritales; por un joven que tenía tendencias suicidas y luchaba contra la depresión; por una niña que estaba embarazada y considerando un aborto; por los líderes de naciones; por personas que discernían decisiones importantes. Era abrumador ver cuántos nombres (¡y cuántos blocs de notas!) había. Poco a poco, la gente empezó a oír hablar de esto.

Me pedían a mí o a mis hermanos que por favor le

pidiéramos a mi mamá que escribiera su nombre, o el nombre de un ser querido, en sus blocs de notas. Cuando mi mamá finalmente murió y su dolor terminó, tuve una imagen de Jesús caminando con ella, llevándola en una especie de recorrido.

Mientras caminaban, Él comenzó a mostrarle varias casas y miraban adentro de ellas y veían a las personas ahí adentro. Esa pareja que había estado luchando en su matrimonio y haba logrado mantenerse unida. El joven que había perseverado a través de la depresión. La joven madre y el niño que había elegido conservar. Caminaron juntos una y otra vez, y después de cada casa, Jesús simplemente le sonreía a mi madre y le dijo: "Fue por mi gracia que pudieron hacer esas cosas. Pero fue tu participación en Mi cruz la que lo hizo posible. ¡Bien hecho, buena y fiel sirviente!"

Entonces, para todos ustedes, que ahora mismo sufren dolor, que sufren en mente, cuerpo o espíritu, ¡por favor sepan cuán valiosos, cuán inmensamente valiosos son! Ustedes son la columna vertebral espiritual de aquellos que están sirviendo como agentes de resistencia, reconciliación, recreación, sanación, transformación y embajada. ¡Mantente fuerte! ¡Mantén la fe! ¡Te necesitamos desesperadamente!

"No tengo miedo. Dios está conmigo. Nací para esto."
- *San Juana de Arco*

# Conoce la Historia

## Gente Rescatada
### *Rescata* gente

# Bibliografía

*Baptismal Ritual of the Catholic Church,* 158.

Cantalamessa, Raniero. *Life in the Lordship of Christ:* A spiritual commentary on the letter to the Romans. London: Darton, Longman and Todd, 1992.

"The Mystery of Creation"; "The Fall of the Angels"; "Original Sin"; and "The Meaning and Saving Significance of the Resurrection" in the *Catechism of the Catholic Church,* 2nd ed., for the United States of America. Vatican: Libreria Editrice Vaticana, 1994.

The Council of Chalcedon. "The Letter of Pope Leo to Flavian."

Hahn, Dr. Scott. *Commentary on Roman.* Grand Rapids, MI: Baker Academic, a division of Baker Publishing Group, 2017.

Kreeft, Peter. *The Greatest Philosopher Who Ever Lived.* San Francisco, CA: Ignatius Press, 2021.

Knoebel, Thomas L. (quoting Isidore of Seville). "De Ecclesiasticis Officiis, 14.13" in *Sententiae.* Paulist Press, 2008.

*Lectionary for Mass.* Chicago, IL: Liturgy Training Publications, 2002.

Maximus the Confessor. *Mystery of the Divine Incarnation.*

"The Order of Baptism of Children," English Translation according to the Second Typical Edition. Collegeville, MN: Liturgical Press, 2019.

Ratzinger, Joseph. *Credo for Today: What Christians Believe.* San Francisco, CA: Ignatius Press, 2009.

Sheed, Frank. *To Know Christ Jesus.* San Francisco, CA: Ignatius Press, 2012.

Sophia Consulting. *The Christian Cosmic Narrative, The Deep History of the World*. Detroit, MI: ACTS XXIX Press, 2021.

St. Augustine. "Expositions of the Psalms 51-72 (J.E. Rotelle, Ed.) Vol 17." Hyde Park, New York: New City Press, 2001.

St. Bernard. "The Fountains of the Savior" in *Sermons on Advent & Christmas*. London: Benziger Bros, 1909.

St. Bonaventure. The Soul's Journey to God: The Tree of Life: The Life of St. Francis. Mahwah, NJ: Paulist Press, 1978.

St. Ephrem the Syrian. "A Sermon on the Cross of Christ."

St. Gregory of Nyssa. "Sermon on the Ascension" (chapter XXIV) in *The Great Catechism.*

St. Ignatius of Antioch. "The Second Epistle of Ignatius to the Ephesians, Vol. 1". Buffalo, NY: Christian Literature Company, 1885.

St. Irenaeus. *The Demonstration of the Apostolic Preaching.*

St. John Chrysostom. "The Easter Sermon of John Chrysostom, Pastor of Constantinople."

St. Justin Martyr. "Dialogue with Trypho, (A.D. 155)."

St. Melito of Sardis. "Sermon on The Passover."

St. Mother Teresa of Calcutta. "I Thirst for You."

Wright, N.T. *Surprised by Hope: Rethinking Heaven, the Resurrection, and the Mission of the Church*. HarperOne, an imprint of HarperCollins Publishers, 2018.

Wright, N.T. *Jesus and the Victory of God*. London: SPCK, 2015.